Las colonias Nueva Inglaterra
Un lugar para los puritanos

Kelly Rodgers

Asesores

Katie Blomquist, Ed.S.
Escuelas Públicas del Condado de Fairfax

Nicholas Baker, Ed.D.
Supervisor de currículo e instrucción
Distrito Escolar Colonial, DE

Créditos de publicación

Rachelle Cracchiolo, M.S.Ed., *Editora comercial*
Conni Medina, M.A.Ed., *Redactora jefa*
Emily R. Smith, M.A.Ed., *Realizadora de la serie*
Diana Kenney, M.A.Ed., NBCT, *Directora de contenido*
Caroline Gasca, M.S.Ed., *Editora superior*
Johnson Nguyen, *Diseñador multimedia*
Lynette Ordoñez, *Editora*
Sam Morales, M.A., *Editor asociado*
Jill Malcolm, *Diseñadora gráfica básica*

Créditos de imágenes: portada y pág.1 LOC [LC-DIG-pga-00346]; págs.2–3, 4–5, 9, 11–17, 20, 22, 23–25, 27–28, 32 North Wind Picture Archives; pág.6 Yale University Art Gallery, New Haven, CT, USA/ Bridgeman Images; pág.7 Historical Documents Co.; pág.8 Chicago Architectural Sketch Club Collection, Ryerson and Burnham Archives, The Art Institute of Chicago Digital File #casc.1923_134.; pág.9 cortesía del Webb-Deane-Stevens Museum, fotografía de Charles Lyle; págs.10, 17–19 Granger, NYC; pág.11 LOC [74692168]; pág.14 LOC [mc0023_01]; pág.18 Mary Evans Picture Library/Alamy; pág.19 Beinecke Rare Book and Manuscripts Library, Yale University; pág.23 dominio público; todas las demás imágenes cortesía de iStock y/o Shutterstock.

Library of Congress Cataloging-in-Publication Data

Names: Rodgers, Kelly, author.
Title: Las colonias de nueva inglaterra : un lugar para los puritanos / Kelly Rodgers.
Other titles: The New England colonies. Spanish
Description: Huntington Beach : Teacher Created Materials, 2020. | Audience: Grade 4 to 6. | Summary: "The Puritans wanted to practice their religion freely. They escaped a life of persecution in England and came to America. Along the rocky north Atlantic coast, they created a new England. They embraced hard work and self-reliance. These independent-minded colonists created a successful new society"-- Provided by publisher.
Identifiers: LCCN 2019014756 (print) | LCCN 2019980541 (ebook) | ISBN 9780743913522 (paperback) | ISBN 9780743913539 (ebook)
Subjects: LCSH: New England--History--Colonial period, ca. 1600-1775--Juvenile literature.
Classification: LCC F7 .R6418 2020 (print) | LCC F7 (ebook) | DDC 974/.02--dc23
LC record available at https://lccn.loc.gov/2019014756
LC ebook record available at https://lccn.loc.gov/2019980541

Teacher Created Materials
5301 Oceanus Drive
Huntington Beach, CA 92649-1030
www.tcmpub.com

ISBN 978-0-7439-1352-2

Contenido

Un experimento único

Los ingleses tenían cada vez más interés en América del Norte a principios del siglo XVII. Los hombres que habían financiado los asentamientos querían ganar dinero rápido. Muchos esperaban encontrar oro. Pero varias de las primeras **colonias** habían fracasado. Los colonos no estaban preparados para los desafíos de la vida en el Nuevo Mundo.

En la década de 1620, un nuevo grupo de colonos llegó a América. Esos colonos buscaban libertad **religiosa**. Sus líderes les aconsejaron que se unieran. Esa era la única manera de sobrevivir.

Los colonos llegan a Nueva Inglaterra.

Los colonos se esforzaron. Construyeron pueblos, cultivaron la tierra y fundaron empresas. Practicaban libremente su religión. Pero nadie sabía si tendrían éxito. Se enfrentaban a muchos problemas. La mitad de ellos murieron en el primer invierno. La relación con los indígenas, que en un principio había sido cordial, se volvió hostil. Surgieron más conflictos a medida que los colonos se negaban a aceptar las diferencias entre ellos. Sin embargo, algunos problemas hicieron que las cosas mejoraran. Se fundaron nuevas colonias y nació una sólida tradición de independencia. La historia de Nueva Inglaterra es la historia de un **experimento** único.

En busca de libertad religiosa

En Inglaterra, a principios del siglo XVII, algunas personas querían reformar, o cambiar, la Iglesia de Inglaterra. Creían que la Iglesia de Inglaterra se parecía demasiado a la Iglesia católica romana. Querían "purificarla" de prácticas católicas. Esas personas se conocieron como **puritanos**. Pero a los puritanos los obligaban a cumplir las normas de la Iglesia de Inglaterra. A algunos los encarcelaron. Por lo tanto, decidieron irse de Inglaterra. Esperaban fundar una "Nueva Inglaterra" donde pudieran practicar su religión libremente.

Un grupo de puritanos quería separarse completamente de la Iglesia. Se les conoció como *separatistas* o **peregrinos**. El líder peregrino William Bradford solicitó una **cédula real** a la Compañía de Virginia. La cédula real otorgaba tierras a los peregrinos para que se asentaran allí.

En 1620, los peregrinos zarparon en el Mayflower. Se dirigieron a la colonia de Virginia, pero el barco se desvió de su curso. Desembarcaron a cientos de millas, cerca del cabo Cod.

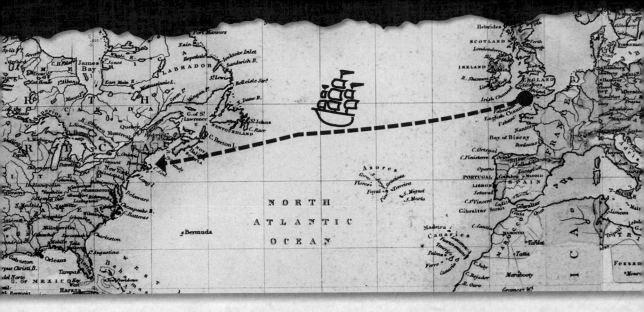

Antes de bajar del barco, los hombres debatieron cómo iban a **gobernar** su colonia. Juraron lealtad al rey de Inglaterra. Decidieron que el gobierno de su nueva colonia, a la que llamaron Plymouth, se basaría en leyes justas. Todas las leyes se crearían "para el bien común de la colonia". Ese acuerdo se llamó Pacto del Mayflower.

El Pacto del Mayflower se firmó el 11 de noviembre de 1620.

Los puritanos enfrentaron más problemas en Inglaterra. Otro líder puritano, John Winthrop, decidió irse del país y viajar al Nuevo Mundo. Allí esperaba crear una sociedad modelo. Una empresa llamada Compañía de la Bahía de Massachusetts recibió una cédula real para establecer una nueva colonia. Winthrop se unió a ellos con la idea de fundar su nueva sociedad.

En 1630, Winthrop y unos 1,000 colonos se hicieron a la mar. Winthrop viajó en un barco llamado Arabella. Les habló a los que estaban a bordo. Les explicó su visión de la nueva colonia. Según Winthrop, los colonos debían ser fieles a sus creencias. Debían trabajar juntos para sobrevivir. Winthrop esperaba que la nueva colonia se convirtiera en un ejemplo de comunidad perfecta. Decía que la nueva sociedad prosperaría y se convertiría en una "ciudad en la cima de una colina".

Los barcos de Winthrop llegaron a Salem. Los colonos se asentaron a orillas del río Charles. Allí fundaron la ciudad de Boston. Ahora había dos nuevos asentamientos: uno en Plymouth y el otro en la bahía de Massachusetts. Había nacido una "Nueva Inglaterra".

John Winthrop

Arabella

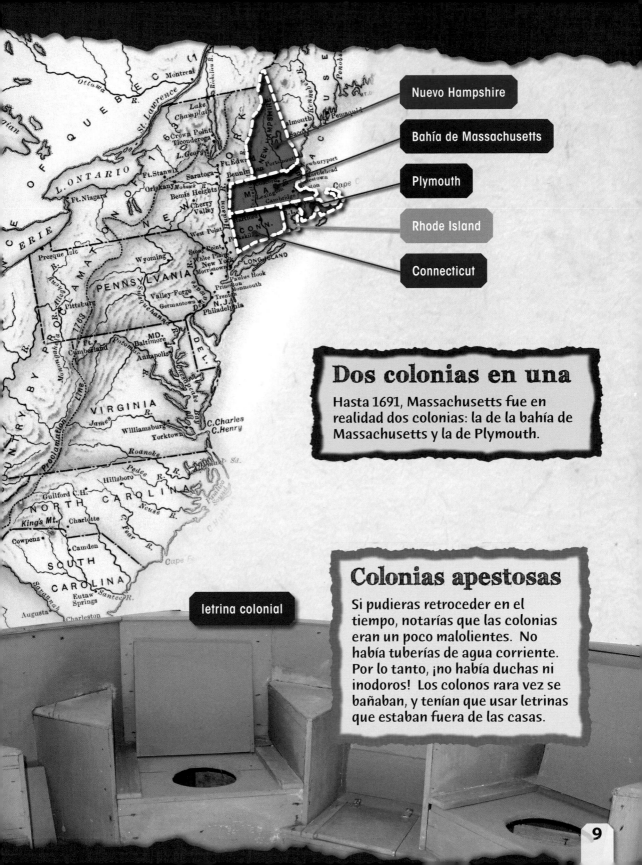

Nuevo Hampshire

Bahía de Massachusetts

Plymouth

Rhode Island

Connecticut

Dos colonias en una

Hasta 1691, Massachusetts fue en realidad dos colonias: la de la bahía de Massachusetts y la de Plymouth.

letrina colonial

Colonias apestosas

Si pudieras retroceder en el tiempo, notarías que las colonias eran un poco malolientes. No había tuberías de agua corriente. Por lo tanto, ¡no había duchas ni inodoros! Los colonos rara vez se bañaban, y tenían que usar letrinas que estaban fuera de las casas.

Rocoso y frío

El terreno y el clima cumplieron un papel importante en Nueva Inglaterra. El clima del norte era frío. La temporada de cultivo era corta. El suelo era rocoso y no muy **fértil**. Eso dificultaba la agricultura. Se necesitaban casas sólidas y ropa gruesa.

Pero también había ventajas. En el clima más fresco, había menos insectos transmisores de enfermedades. Debido al clima, los colonos de Nueva Inglaterra tenían una vida más larga y saludable. En general, vivían más de 70 años. En las colonias del sur, la expectativa de vida era de apenas unos 45 años.

También había muchos recursos naturales. Por lo tanto, se podían desarrollar muchos tipos de **industrias**.

Los peregrinos desembarcan en Plymouth Rock en diciembre de 1620.

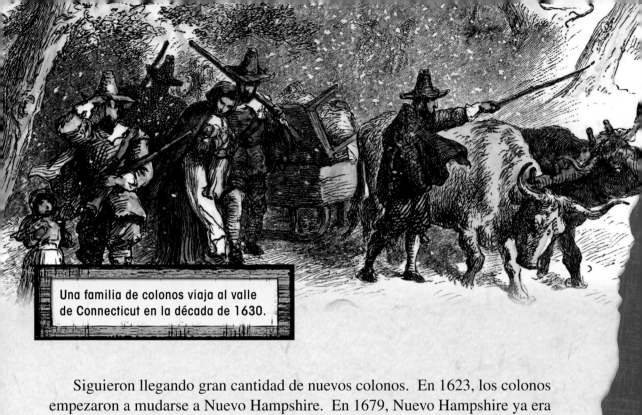

Una familia de colonos viaja al valle de Connecticut en la década de 1630.

Siguieron llegando gran cantidad de nuevos colonos. En 1623, los colonos empezaron a mudarse a Nuevo Hampshire. En 1679, Nuevo Hampshire ya era una provincia reconocida por el rey. En 1636, Thomas Hooker llevó a un grupo de colonos a establecer un asentamiento en Hartford. Otros líderes crearon New Haven. Esos pueblos pronto se convirtieron en la colonia de Connecticut. A pesar de que era un lugar rocoso y frío, Nueva Inglaterra prosperó y creció.

Un Nuevo Hampshire

John Mason vivía en el condado de Hampshire, en Inglaterra. Esperaba establecer una colonia pesquera en el Nuevo Mundo. Mason invirtió mucho dinero para conseguir colonos, a quienes les pagó para que se mudaran. Pero murió antes de poder llegar a la colonia.

Encuentros letales

Nueva Inglaterra no era un lugar despoblado cuando llegaron los colonos. Muchos indígenas vivían allí. Cuando los colonos despejaban las tierras, las tribus se sentían amenazadas. Los colonos no siempre trataban a los indígenas de manera justa. Había **disputas** por el uso de la tierra. Esas disputas desencadenaron guerras.

En 1634, los colonos secuestraron y mataron a un indígena de la tribu pequot. La tribu respondió atacando a los colonos. Esos ataques y contraataques se conocieron como la guerra pequot. En 1637, los colonos rodearon un fuerte pequot en el río Mystic. Mataron a más de 500 pequots.

Los ingleses atacan la isla Block durante la guerra pequot.

En 1675, estalló otra guerra. La tribu wampanoag, liderada por el jefe Metacom, estaba furiosa. Los colonos ocupaban cada vez más tierras de la tribu. También habían matado a tres miembros de la tribu. Metacom (a quien los colonos conocían como el rey Philip) organizó a varias tribus para la lucha. Ese enfrentamiento se conoció como la guerra del rey Philip. La brutal disputa duró más de un año y causó muchas tragedias. Se propagaron enfermedades entre las tribus. Hubo escascz dc alimcntos. Las tribus no podían competir con las armas de los colonos. Pero ambos bandos pagaron un alto precio por esos encuentros letales. Después de la guerra, los colonos tomaron el control de la región.

jefe Metacom

A
RELATION OR
Iournall of the beginning and proceedings of the English Plantation setled at *Plimoth* in NEW ENGLAND, by certaine English Aduenturers both Merchants and others.

With their difficult paſſage, their ſafe ariuall, their ioyfull building of, and comfortable planting themſelues in the now well defended Towne of NEW PLIMOTH.

AS ALSO A RELATION OF ſeuerall diſcoueries ſince made by ſome of the ſame Engliſh Planters there reſident.

I. In a iourney to PVCKANOKICK the habitation of the test King Maſſaſoyt: as alſo their meſſage, the anſwer and they had of him.

II. In a voyage made by ten of them to the Kingdome of a boy that had loſt himſelfe in the woods: with ſuch accidents in that voyage.

III. In their iourney to the Kingdome of Namaſcnet, in greateſt King Maſſaſoyt, againſt the Narrohiggonſets, aſ ſuppoſed death of their Interpreter Tiſquantum.

IIII. Their voyage to the Maſſachuſeta, and their ente

With an anſwer to all ſuch obiections as are an againſt the lawfulneſſe of Engliſh plantations in thoſe parts.

Acción de Gracias

Las relaciones con los indígenas no siempre fueron hostiles. De acuerdo con una carta de Edward Winslow (izquierda), después de la cosecha, el gobernador convocó a una celebración. Winslow escribió que muchos indígenas participaron en el banquete de tres días que se celebró en 1621. Muchos creen que este fue el primer Día de Acción de Gracias.

La sociedad puritana

La vida en las colonias era muy diferente de la vida en Inglaterra. Y los puritanos crearon una sociedad propia.

Sistema de pueblos

Las colonias de Nueva Inglaterra no eran las más ricas. Pero en 1700, eran las más pobladas. Los líderes de las colonias de Nueva Inglaterra dieron tierras a grupos de hombres que luego formaron pueblos. La mayoría cultivaba la tierra para alimentar a su familia.

Este documento de 1672 enumera las leyes de la colonia de la bahía de Massachusetts.

Boston, Massachusetts, en el siglo XVII

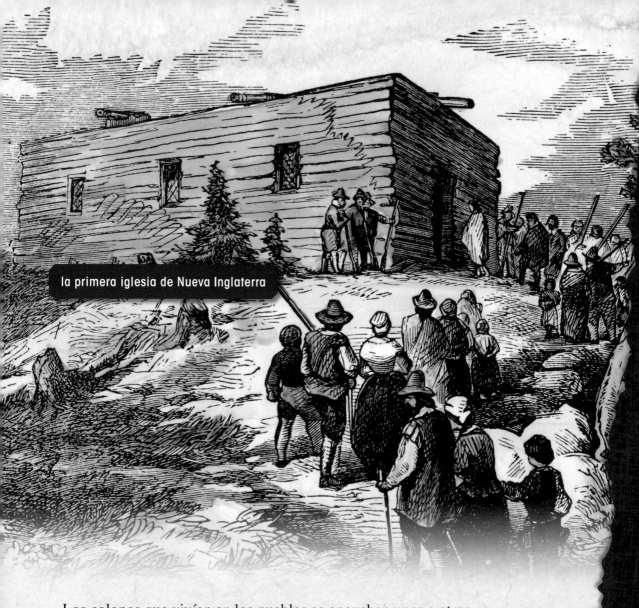

la primera iglesia de Nueva Inglaterra

Los colonos que vivían en los pueblos se apoyaban unos a otros. Hicieron un pacto, o una promesa. Prometieron obedecer la palabra de Dios. Prometieron hacer lo que era mejor para todos. Cada pueblo construyó su propia iglesia. Asistir a la iglesia era obligatorio. En los pueblos, también se fundaron escuelas.

Cada pueblo formó su propio gobierno. En las asambleas del pueblo, los hombres que eran **propietarios** votaban para elegir a los dirigentes locales. Esos funcionarios debatían sobre los problemas y tomaban decisiones. Este sistema permitió a los puritanos mantener el orden en su sociedad. Durante las asambleas y las reuniones en la iglesia, los colonos aprendían sobre las responsabilidades que tenían con su comunidad.

La vida familiar

A diferencia de los colonos de Virginia, que eran mayormente hombres, los puritanos vinieron a América en familia. Eso hizo que las colonias prosperaran. Las familias podían ocuparse mejor de las dificultades de la vida en el campo. La mayoría de las familias de Nueva Inglaterra no podían pagar para tener sirvientes ni personas esclavizadas. Eran **autosuficientes**. Dependían principalmente de ellas mismas para hacer el trabajo.

Todos los miembros de la familia tenían responsabilidades. Los hombres cultivaban, despejaban la tierra, construían casas y establos, y cuidaban el ganado. Las mujeres se encargaban de la casa y de los niños. También confeccionaban ropa y cocinaban. Los niños ayudaban a los padres. Los varones trabajaban con su padre. Las niñas ayudaban a la madre con las tareas domésticas.

Una mujer bate leche para hacer mantequilla.

Unos puritanos reciben castigos públicos en **cepos**.

Los valores puritanos eran muy estrictos. Todos los miembros de la comunidad se vigilaban entre sí. Si los miembros de la asamblea creían que los padres no disciplinaban a sus hijos, podían intervenir. Podían llevarse a los niños de su casa para que vivieran con otra familia. Si alguien no iba a la iglesia, recibía un castigo. A menudo, la comunidad disciplinaba a las personas en público. A veces, las colocaban en cepos en la plaza del pueblo. Los puritanos creían que esa era la forma de mantener el orden y prosperar.

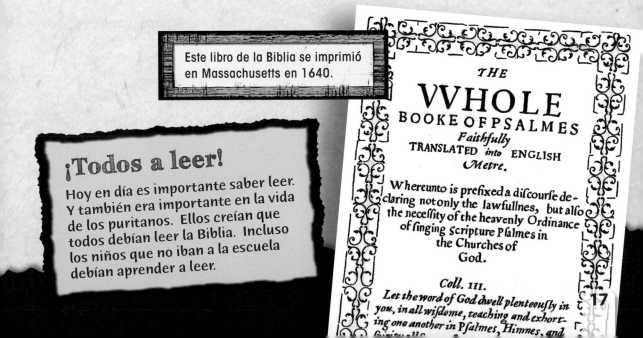

Este libro de la Biblia se imprimió en Massachusetts en 1640.

¡Todos a leer!

Hoy en día es importante saber leer. Y también era importante en la vida de los puritanos. Ellos creían que todos debían leer la Biblia. Incluso los niños que no iban a la escuela debían aprender a leer.

THE

WHOLE

BOOKE OF PSALMES

Faithfully
TRANSLATED *into* ENGLISH
Metre.

Whereunto is prefixed a difcourfe declaring not only the lawfullnes, but alfo the neceffity of the heavenly Ordinance of finging Scripture Pfalmes in the Churches of God.

Coll. III.

Let the word of God dwell plenteoufly in you, in all wifdome, teaching and exhorting one another in Pfalmes, Himnes, and

17

Mujeres puritanas

En la sociedad de Nueva Inglaterra, los hombres y las mujeres cumplían distintos papeles. Las mujeres se encargaban de la vida cotidiana de su familia. El papel más importante que cumplía una mujer era el de ser madre. La mayoría de las mujeres puritanas tenían familias numerosas, con muchos hijos. Su deber era criar y educar a sus hijos. Aunque muchos niños puritanos iban a la escuela, los valores **morales** se enseñaban en casa.

una madre puritana

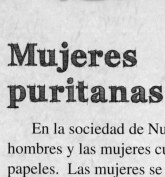

Un grupo de mujeres puritanas lavan la ropa.

18

Anne Bradstreet

Anne Bradstreet llegó a Nueva Inglaterra con su familia en el Arabella. Aunque no recibió una educación formal, escribió un libro de poemas. Es el primer libro de poesía publicado que se escribió en lo que ahora es Estados Unidos. Sus poemas se siguen leyendo hasta hoy.

Anne Bradstreet y su libro de poemas

Los puritanos tomaron prestadas las ideas de los roles de género de la sociedad inglesa. Las mujeres no tenían mucha libertad. Los hombres dominaban la vida pública en Nueva Inglaterra. Cuando una mujer puritana se casaba, cedía sus derechos legales al marido. Las mujeres casadas no podían tener propiedades. No podían firmar contratos. No podían resolver disputas en un tribunal. Las mujeres no tenían derecho al voto. No podían ocupar cargos públicos. No se les permitía ser pastoras de la Iglesia.

Como los puritanos vivían en pueblos pequeños, las mujeres se daban apoyo unas a otras. Se reunían para intercambiar información y novedades. Se ayudaban en el parto y cuando estaban enfermas. Contaban con las demás en tiempos difíciles.

Ganarse la vida

Nueva Inglaterra tuvo problemas para crecer durante varios años. A principios de la década de 1630, llegaban grandes cantidades de colonos y de dinero. Pero, con el tiempo, fueron llegando menos colonos. Se produjo una **depresión** económica. Los colonos hicieron un gran esfuerzo para desarrollar nuevas industrias: querían revivir a Nueva Inglaterra.

En el pasado, la mayoría de los agricultores solo producían los cultivos necesarios para alimentar a su familia, pero los colonos pronto empezaron a producir cultivos para exportar. Comerciaban trigo, centeno y cebada con otras colonias. También comerciaban productos lácteos, como mantequilla y queso, y carne de vaca y de cerdo. Otros productos importantes para el comercio eran el jarabe de arce y las pieles de animales.

Peregrinos siembran en la década de 1620.

Caza de ballenas

En la época colonial, se obtenían muchos productos de las ballenas. El aceite de ballena se usaba para la iluminación y para lubricar máquinas. Los huesos se usaban para confeccionar faldas y paraguas. Hoy en día, la caza de ballenas es ilegal en Estados Unidos.

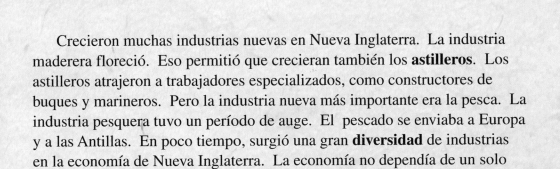

Unos balleneros lanzan un arpón a un cachalote.

Crecieron muchas industrias nuevas en Nueva Inglaterra. La industria maderera floreció. Eso permitió que crecieran también los **astilleros**. Los astilleros atrajeron a trabajadores especializados, como constructores de buques y marineros. Pero la industria nueva más importante era la pesca. La industria pesquera tuvo un período de auge. El pescado se enviaba a Europa y a las Antillas. En poco tiempo, surgió una gran **diversidad** de industrias en la economía de Nueva Inglaterra. La economía no dependía de un solo cultivo o producto, sino de muchos.

Estas nuevas industrias atrajeron a más personas a Nueva Inglaterra. Muchas no eran puritanas. A los puritanos les resultó difícil mantener su poder en los pueblos y las ciudades en crecimiento.

Los disidentes

El plan de crear una sociedad modelo no era realista. Los puritanos vinieron a América en busca de libertad religiosa, pero no eran **tolerantes**. No permitían que nadie practicara una religión diferente. Los líderes de la Iglesia y de las comunidades solían ser las mismas personas. Dictaban las leyes relacionadas con la vida cotidiana y la religión. Y castigaban a quienes las violaban. Pronto, varios líderes puritanos alzaron la voz.

Uno de esos líderes fue Roger Williams. Williams sostenía que los puritanos habían cometido errores. Creía que los colonos no debían quitarles las tierras a los indígenas. Opinaba que debían comprar la tierra. También estaba molesto con el poder de los líderes de las comunidades. Esos líderes podían castigar a las personas por sus creencias religiosas. Williams pensaba que el poder de gobierno y el poder de la Iglesia debían estar separados.

Roger Williams llega a Rhode Island.

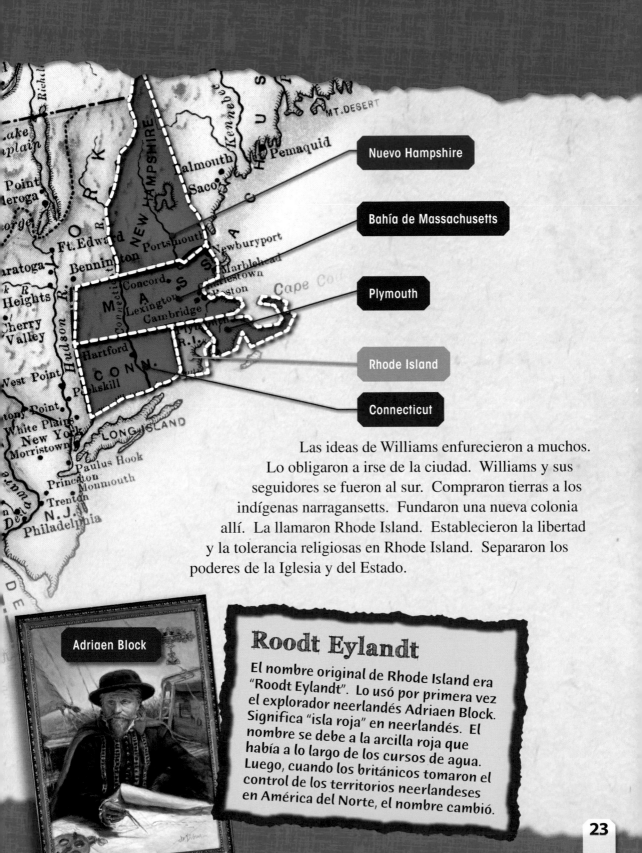

Nuevo Hampshire

Bahía de Massachusetts

Plymouth

Rhode Island

Connecticut

Las ideas de Williams enfurecieron a muchos. Lo obligaron a irse de la ciudad. Williams y sus seguidores se fueron al sur. Compraron tierras a los indígenas narragansetts. Fundaron una nueva colonia allí. La llamaron Rhode Island. Establecieron la libertad y la tolerancia religiosas en Rhode Island. Separaron los poderes de la Iglesia y del Estado.

Adriaen Block

Roodt Eylandt

El nombre original de Rhode Island era "Roodt Eylandt". Lo usó por primera vez el explorador neerlandés Adriaen Block. Significa "isla roja" en neerlandés. El nombre se debe a la arcilla roja que había a lo largo de los cursos de agua. Luego, cuando los británicos tomaron el control de los territorios neerlandeses en América del Norte, el nombre cambió.

Anne Hutchinson era otra **disidente**. Hutchinson organizaba reuniones
en su casa para rezar con sus amigos y vecinos. Opinaba que quienes creían
en Dios podían orar por su cuenta. No creía que se necesitara un pastor para
interpretar la Biblia. Hutchinson era una amenaza para el poder de los hombres
y desobedecía la ley de la Iglesia, ya que enseñaba sus propias ideas sobre la
Biblia. Como a Williams, los líderes puritanos la desterraron. Hutchinson se fue
a Rhode Island. Luego, se mudó a Nueva Ámsterdam, una colonia neerlandesa.

La Corte General de Massachusetts
condena a Anne Hutchinson en 1637.

Al poco tiempo, los puritanos tuvieron más problemas. Había muchas sospechas y tensiones en las ciudades puritanas. Esos sentimientos crecieron debido a los límites que se imponían a las mujeres. Las personas solían tener miedo. Temían que las castigaran. Muchas creían en la magia. A veces, la magia era la única explicación que tenían para los fenómenos naturales. Los puritanos comenzaron a temer a la brujería. En 1692, en el pueblo de Salem, acusaron a un grupo de mujeres de brujas. El miedo se convirtió en pánico. Arrestaron a más de 150 personas. Ejecutaron a 19 en la horca. El pánico por la brujería desapareció con el tiempo. Pero los juicios de Salem por brujería pasaron a la historia como un hecho **infame**.

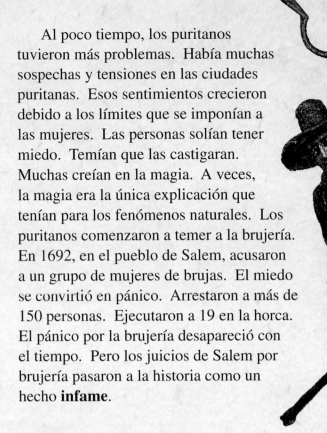

Arrestan a una mujer acusada de bruja.

Esta imagen muestra a Tituba como bruja.

Tituba

En febrero de 1692, se enfermaron dos niñas en Salem. Una ladraba como un perro, tenía mucha fiebre y gritaba de dolor. Los médicos acusaron a Tituba, la esclava de la familia, de brujería. Cuando la interrogaron, Tituba confesó. La enviaron a la cárcel, pero su caso nunca llegó a juicio. Más tarde la liberaron y desapareció.

¡Prosperidad!

En 1636, Nueva Inglaterra estaba formada por cuatro colonias. Los colonos seguían teniendo muchas dificultades. Esta región se fundó para ser un refugio de la vida en Inglaterra. Los puritanos esperaban construir una "ciudad en la cima de una colina". Tal vez no haya sido un proyecto realista. Pero los colonos se esforzaron mucho. Fueron ingeniosos. Se volvieron autosuficientes. Los puritanos creían firmemente en la educación. Casi todos aprendían a leer y a escribir de niños. Fundaron escuelas y universidades. La Universidad de Harvard se inauguró en 1636. Su objetivo era formar pastores de la Iglesia. En la actualidad, es una de las principales universidades del país. Los valores puritanos fueron uno de los factores importantes que dieron forma a Estados Unidos.

Harvard en la actualidad

Unos colonos compran productos en una tienda.

Los habitantes de Nueva Inglaterra desarrollaron una economía floreciente. No dependían de un solo producto. Los comerciantes prosperaron y eso favoreció a las colonias. Pero los ingleses no estaban contentos. Las colonias se habían fundado para beneficiar a la madre patria. La independencia y el éxito de Nueva Inglaterra eran una amenaza para el poder inglés. Pronto este conflicto desencadenaría una guerra que cambiaría el mundo.

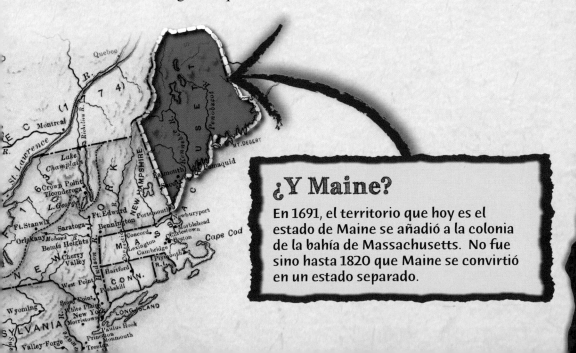

¿Y Maine?

En 1691, el territorio que hoy es el estado de Maine se añadió a la colonia de la bahía de Massachusetts. No fue sino hasta 1820 que Maine se convirtió en un estado separado.

¡Haz una tabla!

Había cinco colonias en Nueva Inglaterra. Eran las colonias de la bahía de Massachusetts, Plymouth, Nuevo Hampshire, Connecticut y Rhode Island. Cada colonia se estableció en un momento diferente. También las fundaron y las habitaron personas diferentes. Cada colonia desarrolló una economía propia.

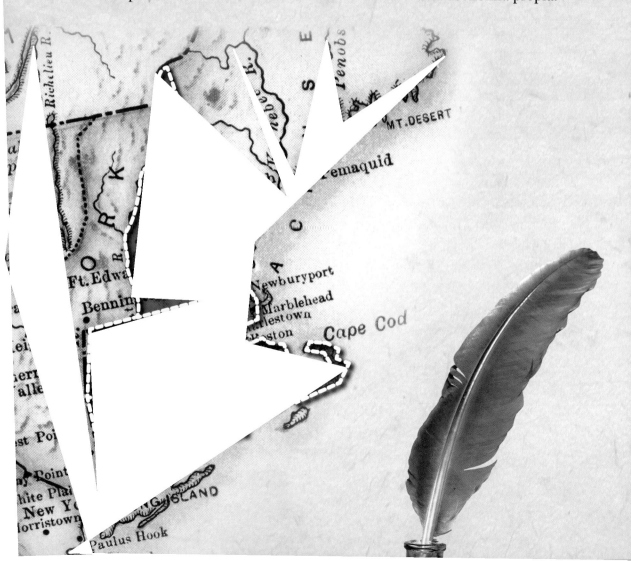

Investiga sobre las colonias de Nueva Inglaterra. Usa este libro y otras fuentes para buscar información. Haz una tabla como la que se muestra abajo. Compara las colonias en tu tabla. Comenta con un amigo en qué se parecían y en qué se diferenciaban las colonias.

	Massachusetts (bahía de Massachusetts y Plymouth)	Nuevo Hampshire	Connecticut	Rhode Island
Año de fundación				
Fundador				
Ubicación				
Economía				
Datos interesantes				

Glosario

astilleros: lugares donde se construyen y reparan barcos

autosuficientes: que no necesitan ayuda de otros

cédula real: un documento que firma el rey para dar tierras a los colonos

cepos: estructuras de madera con agujeros donde se colocan los pies, las manos o la cabeza de una persona, que se usaban como forma de castigo

colonias: áreas que están controladas por un país lejano o le pertenecen

depresión: un período en el que hay poca actividad económica y muchas personas no tienen empleo

disidente: una persona que expresa públicamente su desacuerdo con una opinión, una decisión o un conjunto de creencias oficial

disputas: desacuerdos o peleas

diversidad: una gran cantidad de cosas diferentes

experimento: una prueba para determinar si algo funciona

fértil: capaz de sustentar el crecimiento de muchas plantas

gobernar: controlar o dirigir oficialmente

industrias: grupos de empresas que trabajan en conjunto para brindar determinados productos o servicios

infame: muy malo en su especie

morales: relacionados con lo que está bien y lo que está mal en la conducta humana

peregrinos: protestantes que deseaban separarse de la Iglesia de Inglaterra

propietarios: que son dueños de algo, especialmente, casas o tierras

puritanos: miembros de un grupo protestante de los siglos XVI y XVII que se oponían a muchas costumbres de la Iglesia de Inglaterra

religiosa: relacionada con un dios o un grupo de dioses y con las reglas asociadas a esa creencia

tolerantes: dispuestos a aceptar sentimientos, hábitos o creencias diferentes de los propios

Índice

¡Desterrada!

En esta imagen, Anne Hutchinson es desterrada de la colonia de Massachusetts. ¿Cómo describirías su reacción y las reacciones de los otros colonos? Escribe lo que podrían estar pensando ella y los demás colonos.